SAUVONS L'ITALIE.

APPEL D'UN GARDE MOBILE

AU SECOURS

DE

L'ITALIE OPPRIMÉE

PAR

Joseph MARTIN, du 5e Bataillon.

PARIS

CHEZ TOUS LES PRINCIPAUX LIBRAIRES,

ET CHEZ L'AUTEUR : CASERNE POISSONNIÈRE.

1848.

Dédié au 5e Bataillon de la Garde Mobile.

———

La France va-t-elle, oui ou non, intervenir en Italie ? Telle est la question qui agite tous les esprits, et dont la solution se fait impatiemment attendre. La médiation, de concert avec l'Angleterre, est dédaigneusement refusée par l'Autriche. Un garde mobile, frappé de la gravité des circonstances, offre ces réflexions au public, non pas qu'il espère déterminer le gouvernement à intervenir, mais pour attester des sentiments de la garde mobile et de l'armée.

Cette brochure était prête depuis un mois, mais il fallait trouver un éditeur, chose difficile aujourd'hui ; quelques officiers du 5e bataillon se sont généreusement cotisés pour couvrir les frais de la publication, et se sont ainsi associés à une œuvre toute de patriotisme.

Puisse le bon génie de la liberté porter ces pages aux braves Italiens qui résistent encore, et ranimer leurs espérances.

J. MARTIN,

Le 4 Septembre 1848.

L'ITALIE SE MEURT.

Les plus sinistres nouvelles nous arrivent de la Péninsule.

«Les Autrichiens triomphent de la cause italienne...En quelques jours ils ont réparé leurs échecs et reconquis le terrain perdu..... Milan, par la plus infâme des trahisons, est retombé en leur pouvoir.... Radetzki, maître de la Lombardie, menace Venise et les États du Pape. Les braves Piémontais moins abattus et découragés de leur défaite, que de la trahison et de l'incapacité de leurs chefs, tournent des regards suppliants vers la France qui seule peut les sauver... »

Citoyens, en lisant d'aussi tristes dépêches, qui n'a senti son cœur de français se soulever d'indignation et bondir de colère ? Quoi donc ! les généreux efforts de nos frères d'au-delà les Alpes, pour obtenir leur affranchissement avorteront ainsi ? Quoi ! les victoires de Peschiera, de Mincia, de Goëto, qui nous ont rempli de tant d'allégresse n'aboutiront qu'à ce funeste résultat ? Les brillantes espérances que nous concevions alors, seraient si cruellement déçues ? Notre sœur, que dis-je, notre mère, l'Italie, retomberait encore sous le joug si lourd et si honteux de l'Autrichien ?

et la France, cette vieille patrie des défenseurs de tous les droits opprimés resterait calme, indifférente à tant de désastres et de calamités? Après avoir imprimé au monde un mouvement de régénération par son héroïque révolution de Février, elle s'arrêterait dans cette voie qu'elle avait indiquée?

Il vous en souvient encore, quand Paris eut donné le signal, l'Europe s'agita comme frappée d'un choc électrique; les vieux trônes chancellèrent sur leurs bases; les puissances de la terre, croyant leur fin prochaine, furent frappées d'une indicible stupeur; les peuples poussèrent vers le ciel un long cri de joie, comme au sortir d'un sommeil léthargique; l'horizon s'éclaircissait pour eux; ils allaient enfin renverser tous les préjugés du moyen-âge, pour entrer hardiment dans les voies nouvelles... Milan, Vienne, Berlin, comme Paris, eurent leur Février... Hélas! ces jours sont déjà bien loin de nous! Le temps a fait un pas immense. La France s'est tout à coup arrêtée dans sa marche, et le cœur de l'Europe a cessé de battre pour la liberté.

La réaction là-bas, comme chez nous, a levé sa tête audacieuse. Les peuples se sont crûs abusés par des chimériques illusions, et ont repris honteusement leurs fers, et les rois ont eu encore la faculté de prévaloir contre les droits sacrés de l'humanité. Une race de héros a perdu sa dernière espérance dans sa dernière lutte. La Pologne qui avait pensé que son heure était enfin venue, a été immolée à de vils intérêts politiques. L'Italie a soutenu longtemps une sainte croisade contre les Barbares du Nord; de brillants succès dans les armes, de graves complications dans le gouvernement autrichien, semblaient assurer son triomphe; mais les despotes ont resserré leur sacrilége alliance, et des revers sans exemple sont venus accabler la jeune Italie.

Oui, frères, l'heure est solennelle! Pendant que nous nous entredéchirons pour de misérables partis, tout près de nous, au-delà des Alpes, une nation aimée se meurt sous le coutelas des bourreaux; nous entendons son dernier râle; peut-être demain lirons-nous avec épouvante : *l'Italie a cessé d'être... l'Italie est morte... Milan n'est plus qu'un monceau de ruines, submergé dans le sang!*

Oh! honte et malheur sur nous, qui n'avons pas su remplir la sublime mission que la Providence nous avait départie! honte et malheur sur nous qui délaissons au jour du péril, les peuples dont nous encouragions les efforts, et que nous bercions ainsi de trompeuses espérances!

Le manifeste de Lamartine, qui produisit un si grand retentissement, avait rassuré l'Europe sur nos projets belliqueux. Après Février, nous ne songions pas à étendre nos frontières, aux dépens de nos voisins; nous ne voulions pas, ainsi qu'on le prétendait faussement, faire de la propagande républicaine à main armée. Si quelques malheureuses tentatives eurent lieu, ce fut au désaveu de la France honnête. Que nous importait, à nous autres loyaux combattants, que des nations étrangères vécussent sous telle et telle forme de gouvernement, pourvu qu'elles pussent jouir des libertés dont nous ayions semés les féconds germes, et dont elles n'avaient été dépouillées que par la plus indigne des usurpations!.... Ce que nous voulions alors c'était que la lumière se fît pour tous les yeux, c'était que les grands et éternels principes renfermés dans ces mots: *Liberté, Égalité* et *Fraternité*, se répandissent pacifiquement sur le monde. Ce que nous voulions, alors que notre âme s'était retrempée au souffle divin de la Révolution, aujourd'hui, ne le voulons nous donc plus?...

Dans son manifeste du 23 mai, Lamartine qui tenait l'avenir du monde dans ses mains, disait en parlant des Italiens : « mais que leur droit soit attaqué, que les peuples soient trop faibles pour être respectés, *la France est là...* Qu'un cri d'appel franchisse les Alpes, *nous volerons au secours des populations qui luttent pour la liberté!... »*

Ces magnifiques paroles qui nous enthousiasmaient alors, ne les approuverions-nous plus? Pourtant le moment est venu !... *ce cri d'appel* s'est fait entendre, bien tard, il est vrai, mais assez tôt encore pour nous rappeler nos promesses... Longtemps, l'Italie a refusé notre concours par un faux sentiment d'orgueil national. *L'Italia fara da se,* répétait Charles-Albert. Dans l'énivrement de ses premiers succès, elle pensait triompher sans nous et ne devoir qu'à elle seule son affranchissement. D'ailleurs, les bandes de volontaires sans aveu, recrutées par de misérables intrigans qui avaient passé la frontière, étaient peu propres à rassurer les Italiens sur nos intentions... On prenait pour des armées françaises ce qui n'en était qu'une odieuse parodie... Maintenant qu'elle a reconnu son impuissance, elle nous appelle avec des larmes de sang elle nous crie dans les convulsions de son agonie : *France, France, à moi !...* Des députations nous arrivent de Milan, Venise, Rome, Gênes, et réclament notre généreuse assistance au nom de notre vieille fraternité. La repousserons-nous sans pitié par un vil sentiment d'amour propre froissé ? Hésiterons-nous plus longtemps *à courir aux armes !* Faudra-t-il pour nous émouvoir que l'Autrichien ravage le Piémont et soit à nos portes ? Français, serons-nous donc toujours inconséquents avec nous-mêmes et reculerons-nous devant la fin dont nous avons posé la cause ? donnerons-nous enfin à croire au monde, que sous le régime républicain, la France est toujours la France de la monarchie et que si les hommes changent au pouvoir, les principes y demeurent les mêmes ?

C'est un de vos frères qui vous adresse ces paroles, un des enfants de cette garde mobile qui après avoir élevé, en février, des barricades contre un pouvoir corrupteur et corrompu, a su les renverser en juin, contre les ennemis de l'ordre et de la liberté, qui vous crie du fond de ses entrailles : *Français, laisserez-vous périr l'Italie comme vous avez laissé périr la Pologne ?* Levons-nous enfin au premier appel qui nous sera fait par notre brave président du Pouvoir exécutif, et n'ayons d'autre cri que la devise que vient de prendre héroïquement la population vénitienne : *On souffre en Italie ; accourons !*

L'Italie ! oh ! quels souvenirs touchants, ce nom seul n'éveille-t-il pas dans les cœurs ? L'Italie ! eh ! n'est-ce pas la terre classique de la liberté, des arts et de la civilisation ? N'a-t-elle pas des droits sacrés à notre vénération, à notre amour ? Une mystérieuse solidarité n'unit-elle pas nos destinées ? Est-il un sol enfin où nous ayons conquis tant de gloire, que nous ayons fertilisé par tant de sang, où nous ayons laissé d'aussi vives sympathies ? Eh bien ! l'Italie s'en va dépérissant dans les plus horribles tortures ; elle nous implore, nous ses défenseurs de *droit-né...*

Voyez ! les féroces soldats du Danube se précipiter effrénés sur la belle vierge ; se repaître de ses angoisses et de sa honte, se vautrer dans son noble sang !... Déjà ce n'est plus seulement la riche Lombardie que demande le vainqueur : Venise et ses lagunes, Milan et ses merveilles ne lui suffisent pas. Ce n'est qu'à Turin, c'est-à-dire aux portes de la France, que Radetzki veut négocier... Si nous devons être témoins d'un tel malheur, c'en est fait de la cause de la République. La *réaction* ne mettra plus de bornes à ses prétentions, l'Europe se liguera encore une fois pour intercepter le passage à nos idées.... Horreur ! Déjà je vois nos frontières envahies, nos champs dévastés, les chevaux du Nord boire à l'eau de nos fleuves, et l'étranger nous imposer un de ces nombreux prétendants qui errent sur la terre d'exil....

Prenons garde ! citoyens, si l'Italie succombe, sa dernière parole sera une malédiction contre nous ; sa main ensanglantée nous marquera au front d'une tâche ineffaçable, et nous signalera à tout jamais, comme une nation traître et déloyale. Partout nous verrons les peuples s'éloigner de notre passage, se répétant tout bas : « *Les Français ont dégénéré de leurs aïeux ;* ils ont jeté dans le monde de belles paroles qu'ils n'ont pas su justifier ; ils ont appelé leurs frères aux armes, et cela pour les faire égorger. Honte sur eux !...

II.

La France négocie avec l'Angleterre.

Mais pourquoi appeler aux armes ?— nous dit-on ; *la France négocie avec l'Angleterre pour pacifier l'Italie...* Ah ! vraiment, après nos sublimes transports, nous en sommes venus à négocier avec notre *magnanime alliée.* C'est à ne pas y croire. On se figurerait volontiers être encore en l'an de grâce 1847 quand nous négocions aussi pour *pacifier la Suisse....*

Pauvre France ! je te plains de vouloir sans cesse renouveler la fable de Bertrand et Raton. Les expériences passées ne t'instruiront-elles jamais ? Les cinquante années qui viennent de s'écouler ne t'ont donc rien appris ? T'unir avec l'Angleterre ! Mais c'est l'alliance monstrueuse de la loyauté avec la félonie, de la vertu avec le vice ; c'est le lion qui courtise le renard... Nos grands hommes d'État sont-ils frappés de vertige pour oublier que tous nos ennemis passés et futurs, se trouvent à Londres ? Louis-Philippe, qu'il ne faut pas croire endormi dans sa solitude, est aux portes de Londres ; Guizot, Metternich, les grands violateurs des droits des peuples, sont à Londres ; les prétendants s'y donnent rendez-vous. — Qui sait si Londres ne sera pas pour nous un nouveau Coblentz ?...

Songeons-y bien, l'Angleterre est notre éternelle rivale, notre ennemie irréconciliable. Évoquez les souvenirs de l'histoire et vous verrez que, dans tous les temps et dans toutes les rencontres, l'Angleterre a cherché à nous nuire ; elle s'élève toujours de toute la hauteur que nous descendons ; l'âme damnée des Pitt et des Cobourg n'est pas descendue avec eux dans la tombe ; elle a passée successivement dans tous les ministres du cabinet *Saint-James*, et aujourd'hui elle se retrouve avec toute son astuce et toute sa haine dans lord Palmerston.... Ce peuple d'outre-mer est étranger aux sentiments généreux si naturels à nous autres descendants des vieux francs. Il n'a jamais rien fait, il ne fera jamais rien pour la véritable indépendance des opprimés ; l'égoïsme, une basse cupidité, l'esprit de mercantisme étouffera chez lui toute autre passion. L'Angleterre n'a rien à envier à la Russie ; elle a sa Pologne à elle qu'elle pressure depuis des siècles ; c'est l'héroïque Irlande, nation de martyrs qui s'offre en expiation pour les crimes de ses bourreaux. L'Irlande sera l'écueil où viendra se briser la puissance britannique ; l'Irlande, comme la Pologne, se relèvera un jour s'il y a un Dieu au ciel et une justice sur la terre, et sera vengées de ses oppresseurs.

Ah ! de grâce, pas de négociations avec l'Angleterre, un piège nous est tendu ; défions-nous de ses paroles de paix ; nous serions encore dupes de ses menées déloyales.

L'Angleterre n'a pu voir sans dépit son *vieil ami* descendre du trône qu'elle s'était aidée à lui élever ; elle convoite d'un œil jaloux nos possessions d'Algérie ; ses vaisseaux voudraient nous ravir la Méditerranée ; son influence funeste pèse dans le conseil du cabinet de Naples. La conduite de son ministre l'a flétrie au massacre du 15 mai.

Nous voulons nous concerter avec elle pour affranchir l'Italie ! — Dérision ! La pacification pourrait-elle jamais obtenir l'affranchissement ?... Vainement nos plénipotentiaires voyagent-ils d'un camp à l'autre, vainement nos secrétaires d'ambassade rédigent-ils note sur note, la fière Autriche refuse nos paroles de paix ; elle ne veut rien céder de ce qu'elle a conquis. L'armistice qui n'a pas été reconnu par le Piémont et les populations italiennes, s'avance à son terme. On se prépare énergiquement à la guerre pour *exterminer le barbare oppresseur*. La négociation n'aura produit que notre honte et un esclavage plus dur pour les Italiens. Nos conseils ne seront peut-être pas entendus ; mais alors puissions-nous nous tromper dans nos prédictions ! La France se doit à elle-même de protester contre notre prochaine flétrissure et de prendre la seule voie digne d'elle, ne pas se contenter de vains préparatifs de guerre qui n'imposent à personne, mais intervenir directement et courir aux armes !

III.

Aux armes : à la frontière :

Français, levons-nous, aux armes !... Que ce cri naguère si magique en France se fasse entendre dans nos campagnes et dans nos cités, et l'on verra notre intrépide jeunesse, qui a toujours du sang à verser pour une cause juste, accourir sous les drapeaux de la République, impatiente du signal des combats.....

On va nous objecter : C'est une guerre européenne qui s'allume; c'est la ruine du commerce et de l'industrie, c'est l'épuisement de nos finances et tout l'affreux cortége de la guerre étrangère et de la guerre intestine ; d'ailleurs, n'avons-nous pas assez d'embarras chez nous, sans nous mêler des querelles des autres, — Ah ! ce n'est pas ainsi que raisonnaient nos pères ! Partout où un droit était violé, ils accouraient le défendre sans se soucier du nombre et de la force de nos adversaires. Aujourd'hui, tous les droits les plus sacrés sont violés, l'Italie ne veut pas être autrichienne.

A-t-on vu quelquefois les graves méditations des philosophes sauver les empires ? Elles n'ont pu retarder d'une heure le moment de leur chute... Pendant que les diplomates, du fond de leurs cabinets rédigeaient de pompeux manifestes, le peuple, lui, se levait dans son impatience, et renversait en un jour l'œuvre des siècles... Non, rien de grand, rien de magnanime ne sortit jamais du cerveau étroit et glacial des hommes politiques ; sur les ruines d'une nation, ils en chercheront philosophiquement les causes, ils n'auront pas su les prévoir !...

La guerre européenne !... Sachons donc, sans frayeur, l'envisager en face.... Combien de fois, n'avons-nous pas eu l'Europe sur les bras, et dans des circonstances bien plus malheureuses, et nous sommes restés forts et puissants ! Nous ne devons pas redouter une nouvelle sainte-alliance, car au sein des pays ennemis, nous savons que la masse des peuples se révolte contre le despotisme des grands et veut partager nos libertés. Loin de la redouter, la guerre, il faudrait peut-être l'appeler comme un remède extrême à nos maux.

L'activité française, faute de théâtre pour s'exercer, se replie dangereusement sur elle-même ; il faut du mouvement à ces masses que l'inertie épuise... Mieux vaut pour nous la tourmente que le calme plat qui nous dévore....

Les chances de la guerre européenne nous sont préférables aux scandales de nos délibérations publiques, aux déchirements de la guerre civile qui nous menace.....

La guerre ! Mais n'est-elle pas la loi de l'humanité ? Elle est aussi vieille que le monde.... Elle se retrouve fatalement à chaque page de l'histoire, comme dans chaque œuvre de la nature. C'est elle qui relève les âmes énervées, qui régénère les natures épuisées et fait circuler dans leurs membres un sang plus vivifiant..

Nous déplorons sincèrement la gêne du commerce et de l'industrie ; nous désirons et nous demandons que l'Assemblée s'occupe d'une manière plus active et plus pratique du sort des classes laborieuses. Nous subissons les conséquences d'une époque de transition, et cet état de souffrance ne peut se prolonger long-temps.

D'ailleurs, échange pour échange, qu'avons-nous de plus à

espérer en suivant les déplorables systèmes que l'on semble vouloir reprendre....

Mais, dit-on encore, si nos armes passent la frontière, les partis politiques vont se déchaîner à l'intérieur et nous livrer aux horreurs de la guerre civile.,...

Vous outragez la France, j'en jure sur son honneur; ce n'est pas le moment qu'attendent, que désirent les chefs de partis; s'il en existe encore, ils sont bien plus à redouter, dans une paix hon‑teuse, quand le peuple s'ennuie de ses ministres, qu'au sein de la guerre. quand chaque bulletin de victoire vient raffermir le gou‑vernement. Que l'armée s'avance, toute préoccupation cesse, tous les vœux, tous les regards l'accompagnent, ses succès enorgueillis‑sent la patrie et donnent une force morale immense à l'Assemblée nationole....

Serions-nous effrayés du nombre de nos adversaires? Nos pères, qui ne nous le cédaient en rien en sagesse, en prudence, n'avaient coutume de les compter qu'après les avoir vaincus.... Croyez vous que tous les hommes qui, — n'importe sous quel drapeau, — ont montré tant de courage dans les journées de juin, reculeront en face des baïonnettes étrangères?

—L'Autriche a de puissantes armées; derrière elle se trouve la Russie, avec des forces plus puissantes encore; les barrières du Nord peuvent se rouvrir et déverser sur nous tous les fléaux.

Quoi! les soldats de 1848 seraient moins braves que ceux de 1793? L'homme libre qui combat pour l'indépendance des peuples serait moins fort que l'esclave qui défend le despotisme des rois? Le volontaire français serait moins intrépide que le mercenaire cosa‑que ou autrichien !

Ne comptez-vous donc plus sur notre valeureuse armée aguerrie par les campagnes d'Afrique, et dont les vieux chefs savent le che‑min de toutes les capitales de l'Europe ?

Ne comptez-vous donc plus sur ces intrépides gardes nationaux qui ont si bien combattu en février et en juin, et qui sont accourus avec tant d'empressement de toutes les provinces de la France aux cris de Paris en détresse ?

Ne comptez-vous donc plus sur cette jeune garde mobile, dont na‑guères vous prôniez tant le courage ? Ces nobles enfants n'ont d'au‑

tre vœu, d'autre désir que de voler au secours de l'Italie. J'en appelle à tous les bataillons de la garde mobile.

Moins fiers d'avoir triomphé en juin que d'avoir prouvé qu'en toute rencontre la patrie pouvait compter sur eux, ils brûlent de recevoir un second baptême de sang et de feu sur les champs de bataille. Quand nous avons déposé à l'Assemblée nationale les drapeaux que nous avions enlevés sur les barricades, on nous a remerciés au nom de la France, en nous disant que si les évènements nous appelaient à la frontière, nous saurions bien en rapporter d'autres plus glorieux encore, et qui, du moins, ne nous laisseraient pas d'amertume. Oui, c'est là notre souhait le plus ardent; nous voulons justifier ces promesses, et attester au monde que le gouvernement provisoire fut bien inspiré en fondant cette jeune garde de la République. Tous nous marcherons au combat comme on va à une fête...

Un général disait, dans le transport de son admiration à la vue de l'héroïsme des mobiles : « J'aurais voulu les voir en face des Kabyles !... »

Eh bien ! mettez-les en face des Autrichiens, des Russes, des Hongrois, et vous verrez s'ils reculeront d'un pas, s'ils ne seront pas à la hauteur de leur destinée...

— Ils sont trop jeunes, dira-t-on, sans expérience, sans préparatifs... Comment pourraient-ils tenir en campagne ?—Étaient-ils plus âgés, plus expérimentés, mieux équipés enfin, nos pères, que la Convention arrachait à la charrue pour en faire d'invincibles soldats ? Ils partaient nus ou en lambeaux et revenaient couverts des dépouilles des ennemis !...La patrie épuisée ne pouvait pas même les payer... Enfants généreux !... ils renvoyaient à la mère-patrie des lingots d'or et d'argent...

Nous, gardes mobiles, ne pourrions-nous faire ce qu'ils ont fait, souffrir comme eux, triompher comme eux ?... Nous nous sommes volontairement enrôlés au service de la République que nous nous étions aidés à établir ; nous avons juré de lui consacrer nos forces, notre existence ; il nous semble remplir notre mission en prêchant la croisade au secours de l'Italie...

Si quelque jour notre république, par suite de malheureux évènements, et d'infâmes trahisons qu'on n'ose prévoir, s'acheminait vers sa ruine, elle trouverait peut-être ses sauveurs dans la garde mobile... tant que ce corps restera démocratiquement organisé, les prétendants convoiteront vainemeut le bel apanage de la France. Ils ne pourraient relever le trône que sur le cadavre des gardes mobiles.

Oui, sainte République, objet des rêves de mon enfance, réalisés à mon entrée dans la vie d'homme, à toi pour toujours, mon cœur pour t'aimer, mes bras pour te défendre... A toi, ma première aspiration et mon dernier soupir... si je dois te devenir infidèle, qu'avant un tel sacrilège, ma droite se dessèche, et ma langue s'attache à mon palais.

IV.

A l'armée.

Brave armée de France, permets à ta jeune sœur la garde mobile de te donner le baiser de paix... Nous sommes maintenant compagnons d'armes ; longtemps, nous avons pu, non pas nous méconnaître, mais nous regarder avec froideur. Depuis que notre sang s'est mélangé sur les barricades, un lien mystérieux nous unit pour jamais... Nous nous sommes vus ensemble au péril, et nous nous sommes aimés.

Vous avez ouvert vos bras pour nous resserrer sur votre poitrine, comme de vieux camarades !.. Merci à vous, frères ; notre intérêt à tous c'est le salut de la République. Nous veillerons sur elle comme sur une mère ; et nous saurons la défendre contre les ennemis du dehors et du dedans. Vous aussi, n'est-ce pas, demandez avec instance à voler ou secours de l'Italie ? vous aussi voulez voir les champs immortels dont nos pères nous ont tant parlé au coin du foyer ? — Nous marcherons ensemble, et nous apprendrons à l'insolent étranger à respecter l'honneur de notre mère.

Vous nous placerez au combat dans vos rangs, et vous verrez

qu'à vos leçons nous aurons bientôt acquis de l'expérience. Ne nous enviez pas les privilèges dont nous pouvons jouir en ce moment... nous étions les premiers nés de la République, et nous avons été choyés comme des benjamins, mais vous serez toujours nos ainés, et vous aurez droit à notre respect et à notre amour, et si la patrie généreuse jette des couronnes sur notre passage pour encourager nos efforts, elle en réservera toujours assez pour vos brillants exploits : Soldats, nos frères, nous vous donnons le rendez-vous sur la frontière, en face des ennemis... nous nous y trouverons tous pour verser encore notre sang et cimenter notre alliance.

V.

Pas d'Argent !...

On crie à la misère publique ; au manque de fonds, au complet épuisement des finances... Quelle que soit la détresse générale, nous sommes pourtant plus riches encore qu'on ne l'était après la banqueroute de 1792. La France n'est pas aussi ruinée qu'on le prétend ; il y a des trésors en France, il est possible de les découvrir... Que l'Assemblée nationale, par des mesures énergiques, arrête le mouvement de l'émigration des riches ; que des impôts justes et bien répartis soient levés, et nos besoins pourront être soulagés.

Le peuple murmure tout haut contre l'élévation du budget ; c'est qu'il n'aime pas qu'on *gaspille ses fonds*, c'est qu'il n'aime pas à voir le produit de ses sueurs passer aux mains de vils intrigants.... Mais qu'il s'agisse de l'armée où il retrouve ses plus chers enfants, qu'il s'agisse d'un intérêt national, et il donnera sans regrets... Les riches, les capitalistes, qui jouissent de tout le luxe de la vie, n'auraient-ils donc pas un peu d'or pour nourrir ceux qui donnent si généreusement leur sang pour défendre la patrie et garantir la propriété.

Un roi, le plus terrible champion de l'absolutisme disait au héros qui allait sauver la France à Denain : — Partez, et si vous êtes vaincu, mandez-moi une dépêche ; malgré mes vieux ans, je monterai à cheval ; votre dépêche à la main, je parcourrerai les rues de ma bonne ville de Paris, et le lendemain j'aurai encore cent mille hommes à vous offrir.

Ce ne sont plus seulement cent mille hommes que la France peut opposer à l'étranger, ce sont six cent mille soldats intrépides prêts à entrer en campagne ; ce sont trois cent mille gardes nationaux parfaitement mobilisés... C'est enfin un pays tout entier fort de sa justice et de son droit... Ceux qui objectent le manque de fonds pour refuser la guerre, ne savent pas tout ce qu'un peuple peut trouver de ressources quand il se laisse guider par de nobles et généreux instincts.

Mais plus de délais, plus de vains protocoles ; chaque heure qui s'écoule est une année pour le sort de l'Italie ; pendant que nous raisonnons ici, on s'égorge là-bas. Ce ne sont plus des paroles, mais des actes qu'il nous faut.

Que l'héroïque résistance de Venise et de Bologne nous anime donc. Les peuples qui se battent si énergiquement pour la liberté doivent nous émouvoir, nous, enfants de la République.

A la frontière ! marchons !... Nous serons reçus par un peuple dont nous sommes l'unique et dernière espérance ; les braves enfants de la Pologne, qui n'ont pu réussir à affranchir leur pays, se dévouent pour l'Italie, et nous tendent une main amie, malgré notre abandon de leur cause....

La monarchie de Juillet eut du moins pour elle les expéditions d'Ancône et d'Anvers. La République de 1848 n'aurait elle que la misérable échauffourée de *Risquons-Tout* !

Les Autrichiens se partagent la riche curée de l'Italie, nous pouvons encore la délivrer, mais pas une heure de retard, autrement nous ne trouverions plus que des ruines, l'Italie n'existerait que par l'histoire.

Pendant qu'il en est temps, Français, sauvons l'Italie !

Paris.—Imprimerie de E. MARC-AUREL, rue Richer, 20.